FSC
www.fsc.org
MIX
Papier aus ver-
antwortungsvollen
Quellen
Paper from
responsible sources
FSC® C105338

© 2025 Colaad Mohamed
Verlag: BoD · Books on Demand GmbH, Überseering 33,
22297 Hamburg, bod@bod.de
Druck: Libri Plureos GmbH, Friedensallee 273, 22763 Hamburg
ISBN: 978-3-8192-0003-8

Aber , denn , sondern , welche Konjuktion ist die richtige ?

Intaas xidhiidhiye kee ba ku sax ku ah jumladahan

1 : Ich bleibe zu Hause , ………………….. ich habe heute frei.

a, aber

b, sondern

c, denn

2 : Colaad ist mein Bruder ,……………. jamiila ist meine Schwester .

a,denn

b,aber

c,sondern

3 : Ich habe heute keinen Termin ,………………… ich habe morgen einen Termin

a, sondern

b, denn

c, aber

4 : Ich gehe heute nicht zur Arbeit , ………….. mein Sohn hat einen Arzttermin .

a,aber

b, denn

c,sondern

5 : Ich fahre heute nach Hamburg , ……….. ich möchte meine Schwester und ihre Familie besuchen.

a, aber

b, sondern

c,denn

6 : Ich habe dich gestern nicht angerufen , ………… Ich rufe dich morgen an .

a, sondern

b,denn

c, aber

7 : Kannst du bitte meine Kinder von der Schule abholen ,….. ich habe heute einen wichtigen Termin.

a,aber

b , denn

c,sondern

8 : Jamac kommt heute nicht , …………. er muss heute arbeiten .

a, aber

b, sondern

c , denn

9 : Ich habe heute frei , ……………. Ich habe morgen keine Zeit .

a, sondern

b , aber

c , denn

10 : Ich will keinen Tee , …………… Kaffee !

a, sondern

b,aber

c ,denn

11 : Ich wollte dich gestern anrufen ,………….. ich hatte keine Zeit .

a, denn

b , sondern

c ,aber

12 : Ich habe heute keine Zeit ,…………. Ich habe morgen Zeit .

a, aber

b, sondern

c, denn

Welche Konjuktion passt ? (xidhiidhiyahee ayaa ku haboon meesha banaan)

aber   sondern

1 : Meine Freundin Jamiila ist leider nicht bei mir ,…….. sie ist bei Ihrer Freundin Dabeeco.

2 : Ich bin verheiratet , …………. meine Freundin Cibaado ist noch ledig .

3 : Cibaado hat 2 Töchter , …………… Ich habe einen Sohn und eine Tochter .

4 : Ich kann heute nicht zu dir kommen ,……………… morgen .

5 : Meine Eltern haben mich gestern nicht angerufen ,………… sie kommen heute zu mir .

6 : Ahmed hat diese Woche keine Zeit , …………… nächste woche .

7 : Ich gehe heute nicht zum Arzt , ……………. Übermorgen .

8 : Ich bin letztes Jahr nach Somalia geflogen , ……….. ich fliege nächstes Jahr nach China .

9 : Ich bleibe diese Woche nicht zu Hause , …………. nächste Woche .

10 : Ich habe leider keine neue Wohnung gefunden , …………… eine neue Arbeit .

11 : Mein Bruder Faysal ist verheiratet , …………… mein Bruder Jamac ist ledig

12 : Meine Freundin Maryan ist 25 Jahre alt , ………….meine Freundin Dabeeco ist 30 jahre alt .

13 : Mein Schwager Jamac wohnt in Hannover , ….. meine Schwägerin Basbaaso wohnt in Hamburg .

14 : Cibaado hat mich gestern nicht angerufen , ………….. Duryama hat mich angerufen .

15: Ich möchte heute keinen Termin vereinbaren , ………… morgen .

Verbinde die beiden Sätze mit weil

Isku xidh jumladahan adigoo xidhiidhiyaha weil adeegsanaya .

1: Ich gehe nach Hause .

Ich bin müde .

_____

2: Mein Sohn kommt heute nicht zur Schule .

Er hat seit gestern Fieber .

_____

3 : Ich kann heute nicht zur Arbeit kommen .

Ich habe einen wichtigen Termin .

_____

4 : Ich war gestern nicht zu Hause .

Ich habe vor 2 Wochen meine Eltern besucht .

_____

5 : Ich komme heute 20 Minuten später .

Ich habe den Bus Verpasst .

_____

6 : Suad hat mich eingeladen .

Sie hat heute Geburtstag .

_____

7 : Meine Freundin will nächstes Jahr nach Hamburg umziehen .

Ihr Mann wohnt in Hamburg .

_____

_____

8 : Colaad ist nach London umgezogen .

Er hat dort eine neue Arbeit gefunden .

_____

_____

9 : Ich komme heute nicht zu Ihnen .

Ich habe einen anderen Termin .

_____

10 : Ich suche eine neue Arbeit .

Ich habe meine Arbeit gekündigt.

_____

11 : Wo warst du gestern ?

Du warst gestern nicht zu Hause .

_____

12 : Wieso willst du nach Hamburg fahren ?

Ich besuche meine Freundin Dabeeco .

_____

13 : Wieso kommst du nicht zu mir ?

Ich habe heute keine Zeit .

_____

14 : Ubax kommt heute nicht zu mir .

Ihre Tochter hat einen wichtigen Termin .

_____

15 : Ich habe keine Kinder .

Ich bin noch ledig .

_____

16 : Die Kinder spielen im Park.

Die Sonne scheint.

_____

17 : Ich bin müde.

Ich habe viel gearbeitet.

_____

18 : Wir essen ein Eis.

Es ist heiß .

_____

19 : Ich bleibe heute zu Hause .

Ich habe heute frei .

_____

20 : Ich habe ein Geschenk von meiner Freundin bekommen .

Ich hatte gestern Geburtstag .

_____

21 : Ich möchte mich beim Jobcenter melden .

Ich bin arbeitslos.

_____

22 : Ich suche jetzt eine 2 Zimmerwohnung .

Ich bewohne eine kleine Wohnung .

_____

23 : Wann kann ich die Wohnung beziehen ?

Mein alter Wohnungsmietvertrag läuft in diesem Monat ab.

_____

24 : Ich bin seit 3 Tagen in Hamburg .

Meine Eltern wohnen hier .

_____

25 : Du musst Deutsch lernen .

  Du wohnst in Deutschland .

_____

26 : Ich komme mit dem Zug .

Ich habe noch kein Auto .

_____

27 : ich habe mich über deine Einladung gefreut .

Wir haben uns lange nicht gesehen .

_____

28 : Ich möchte mich bei dir dafür bedanken .

Du hast mir beim Umzug geholfen .

_____

29 : Zurzeit habe ich wenig Freizeit .

Ich muss viel lernen .

_____

30 : Ich schreibe Ihnen diesen Brief .

Ich konnte Sie telefonisch nicht erreichen .

_____

31 : Ich habe Ihre Adresse vom Jobcenter bekommen .

Ich suche eine Ausbildung .

_____

32 : Ich komme später zur Arbeit .

Ich muss mein Fahrrad reparieren .

Verbinde die beiden Sätze mit dem Konjuktionaladverb in der Klammer (deshalb –deswegen – daher)

Isku xidh jumladahan adigoo adeegsanaya xidhiidhiyaasha deshalb –deswegen

1 : Seine Frau wohnt in Hamburg .

Cali will morgen nach Hamburg umziehen .

---

2 : Jamiila hatte gestern einen Termin .

Sie konnte gestern ihre Kinder von der Schule nicht abholen .

---

3 : Ich habe 4 Kinder .

Ich suche eine 4 Zimmerwohnung .

---

4 : Ich habe meinen Schlüssel zu Hause vergessen .

Ich rufe einen Schlüsseldienst an .

---

5 : Mein Sohn hat morgen Geburtstag .

Ich gehe morgen nicht zur Arbeit .

---

6 : Ich habe morgen Geburtstag .

Ich möchte meine Freundin einladen

---

7 : Mein Termin ist morgen um 14 Uhr .

Ich kann leider nicht dich abholen .

_____

8 : Ich muss heute Deutsch lernen .

Ich muss zu Hause bleiben .

_____

9 : Mein Sohn hat einen Termin .

Er kann leider nicht zur Schule kommen .

_____

10 : Er hat Hunger .

Er möchte eine Pizza bestellen .

_____

11 : Ich habe keine Wohnung .

Ich suche eine neue Wohnung .

_____

12: Meine Frau und mein Sohn wohnen in Lübeck .

Ich muss nach Lübeck umziehen .

_____

_____

13: Faysal hat morgen Geburtstag .

Er will seine Freunde einladen .

_____

14 : Ich habe heute einen Termin .

Ich muss jetzt gehen .

_____

_____

15 : Meine Freundin Nimco hat mich am Wochenende zu ihrer Hochzeit eingeladen .

Ich habe am Wochenende keine Zeit

_____

_____

16 : Ich konnte Sie telefonisch nicht erreichen.

Ich wende mich per E-Mail an Sie .

_____

_____

17 : In ihrer Firma konnte ich telefonisch niemanden erreichen .

Ich wende mich Per E-Mail an Sie .

_____

Welches ist richtig   weil ..... deshalb

Kee baa ku habaan meesha banaan **weil** ama **deshalb**

1 : Ich bleibe zu Hause , ...ich krank bin .

2 : Du willst nicht kommen , ... gehe ich allein .

3 : Ich bin zu Fuß nach Hause gekommen , ... der Bus zu teuer ist .

4 : Ich habe morgen frei , ... komme ich zu dir .

5: Ich rufe meine Familie an , ... ich meine Familie vermisse .

6: Ich fahre mit dem Bus zur Arbeit , ... mein Auto kaput ist .

7 :Sein Auto ist kaputt ,.......... fährt er mit dem Bus Zur Arbeit

8 :Dahabo arbeitet heute nicht , ... sie heute krank ist .

9 : ich habe die Prüfung bestanden , ...ich zu immer viel zu Hause lerne .

11

10: Ich kann dich heute nicht von der Arbeit abholen ,…….. ich bis 18 arbeiten muss .

11: Mein Sohn geht heute nicht gut , …………….. bleibt er heute zu Hause .

1 2: Mir geht es schlecht , …………….. bleibe ich heute im Bett .

13: Ich bleibe heute im Bett , ………………. mir es schlecht geht .

14: Ich habe meinen Schlüssel verloren , ……… übernachte ich heute Abend bei meiner Freundin .

15 : Ich habe den Bus verpasst ,…………. komme ich heute später .

Verbinde die beiden Sätze mit bevor

Isku xidh jumladahan adigo xidhiidhiyaha bevor adeegsanaya

1 : Ich sage dir Bescheid .

Ich komme morgen zu dir .

_____

2 : Ruf mich an .

Du kommst zu mir .

_____

3 : Du musst Deutsch lernen .

Du findest eine neue Arbeit .

_____

4 : Ich muss viel Geld sparen .

Ich heirate Jamiila .

_____

5: Ich melde mich bei dir .

Ich ziehe nach Hannover um .

_____

6 : Ich muss eine neue Arbeit in Berlin finden.

Ich ziehe nach Berlin um .

_____

7:Ich bringe meine Kinder zur Schule .

Ich gehe zur Arbeit .

_____

8 : Jamiila fährt mich zum Bahnhof .

Sie geht einkaufen .

_____

9 : Er hat mich nicht angerufen .

Er ist zu mir gekommen .

_____

10 : Ich vereinbare einen Termin .

Ich gehe zum Arzt .

_____

11 : Ich war bei Cibaado .

Ich bin zu dir gekommen .

_____

13 : Kannst du bitte die Kinder zur Schule bringen ?

Du gehst zur Arbeit .

_____

14 : Kannst du die Kinder von der Schule abholen ?

Du kommst nach Hause .

_____

15 : ich hole meine Kinder vom Kindergarten .

Ich gehe zu Aldi .

_____

16: Ich suche eine neue Arbeit .

Ich kündige meine Arbeit .

_____

17 : Ich hole meine Kinder von der Schule ab.

Ich komme zu dir .

_____

18 :Cali will seine Schwester besuchen .

Er zieht nächstes Jahr nach London um .

_____

19 : Kannst du bitte meine Schwester vom Bahnhof abholen .

Du kommst zu mir .

_____

_____

20 : Meine Freundin will zu mir kommen .

Sie geht zu Aldi .

_____

21 : Ich telefoniere mit meinen Eltern.

Meine Kinder kommen nach Hause .

_____

22 : Ich bringe meine Kinder zu meiner Schwester.

Ich   besuche meine Freundin .

_____

_____

23 :Ich habe gestern mit meiner Freundin Cibaado telefoniert .

Ich bin gestern zu dir gekommen .

_____

_____

24 : Ich muss die B1 Prüfung bestehen .

Ich suche eine Ausbildung .

_____

_____

25 : Ich habe als Koch gearbeitet .

Ich habe das Restaurant eröffnet .

_____

_____

26 : Ich habe eine Ausbildung gemacht .

Ich war Koch .

_____

_____

27 : ich wasche mir die Hände .

Ich setze mich an den Tisch .

_____

_____

28 : Ich wasche mir die Hände .

Ich   esse etwas .

_____

_____

29 : Wasch dir die Hände !

Du setzt dich an den Tisch .

_____

_____

30 :Du musst deine Hausaufgaben machen .

Du darfst mit deinen Freunden spielen .

_____

_____

Verbinde die beiden Sätze mit wenn

Isku xidh jumladahan adigoo xidhiidhayaha wenn isticmaalaya .

1: Ich komme zu dir .

Ich habe Zeit .

_____

2 : Ich gehe mit meinen Kindern spazieren .

Ich   habe frei .

_____

3 : Ich bleibe zu Hause .

Ich bin krank .

_____

4 : Mein Sohn kommt morgen zur Schule .

Er ist wieder gesund .

_____

5 : Mein Tochter kommt nächste Woche zur Schule.

Sie ist wieder gesund .

_____

6 : Ich komme am Freitag zur Arbeit .

Ich bin wieder gesund .

_____

7 : Ich telefoniere mit meiner Familie .

Ich bin allein zu Hause .

_____

8 : Ich nehme einen Regenschirm mit .

Es regnet .

_____

_____

9 : Ich singe ein Lied .

Ich   habe gute Laune .

_____

_____

10 : Ich frage meinen Lehrer .

Ich habe eine Frage .

_____

_____

11 : Ich mache eine neue Kasse auf .

Die Schlange ist zu lang .

_____

_____

12 : Meldest du dich morgen bei mir ?

Du hast morgen Zeit .

_____

_____

13 : Mein Mann kommt .

Er ist mit der Arbeit fertig .

_____

_____

14 : Ich komme zu dir .

Ich bin mit der Arbeit fertig .

_____

_____

15 : Ich werde mich freuen .

Ich bekomme die Zusage für die Ausbildung .

_____

_____

16 :Ich gehe am Wochenende spazieren .

Das Wetter ist schön.

_____

_____

17 : Ich helfe dir .

Du wäschst für mich das Geschirr ab .

_____

_____

18 : Mein Sohn bekommt 2 Wochen Hausarrest .

Er lügt mich an .

_____

_____

19 : Ich bekomme Ärger .

Ich komme zu spät .

_____

_____

20 : Trinkst du Kaffee ?

Du bist müde .

_____

_____

21 : Ich trinke Kaffee ?

Ich bin müde .

_____

_____

22 : Ich heirate Jamiila .

Sie liebt mich .

_____

_____

23 : Ich kann dir 100 Euro leihen .

Ich habe viel Geld .

_____

_____

24 : Ich bin glücklich .

Ich telefoniere mit meiner Mutter .

_____

_____

25 : Ich gehe zur Arbeit .

Meine Frau und meine Kinder kommen nach Hause .

_____

_____

26 : Ich bestelle eine Pizza .

Ich habe Hunger .

_____

_____

27 : Kannst du meine Kinder von der Schule abholen ?

Du hast Zeit .

_____

_____

28 : Ich fühle mich gut .

Meine Frau und mein Sohn Khalid sind bei mir .

_____

_____

29 : Du rufst mich an .

Du brauchst von mir Hilfe .

_____

_____

30 : Ich komme zu dir .

Du bist allein zu Hause .

_____

_____

31 : Ich gehe zum Zahnarzt.

Ich habe Zahnschmerzen .

_____

_____

_____

_____

Verbinde die beiden Sätze mit   sonst

Isku xidh jumladahan adigoo sonst isticmaalaya

1 : Sagst du mir vorher Bescheid ?

Ich komme vorbei.

_____

_____

2 : Sei doch bitte ruhig.

Ich kann mich nicht konzentrieren .

_____

_____

3 : Ich muss sofort gehen .

Ich verpasse den Bus .

_____

_____

4: Ruf mich an .

Ich komme morgen nicht zu dir .

_____

_____

5 : Ich muss jetzt gehen .

Ich verpasse den Bus .

_____

_____

Welches ist richtig   weil , bevor ,wenn , deshalb

Kee baa ku habaan meesha banaan   weil , bevor , wenn , deshalb

1: Ich komme morgen zu dir , _____ ich zu meiner Freundin gehe .

2: jamiila hat gestern meine Kinder vom Kindegarten abgeholt , _____ ich gestern einen Termin hatte.

3: Kommst du zu mir _____ Cali zu mir kommt ?

4: Du hast mich gestern angerufen , _____möchte ich dich heute besuchen .

5 : Ich hole meine Kinder ab , _____ meine Frau nach Hause kommt .

6 : Ich habe 4 Kinder ,_____ suche ich eine neue Wohnung .

Führen Sie dieses Gespräch auf Deutsch

<u>Wada sheekaysigan ka dhig Af Jarmal</u>

A: Jaanis ma haysaa ?

B : Maya ,maanta jaanis ma hayo , sobobtoo ah walashay ayaan la jooga.

Lakin baritoole jaanis waan hayaa .

Baritoole jaanis ma haysaa ?

A : Haa , baritoole jaanis waan hayaa .

Waa inoo baritoole .

_____

_____

_____

_____

_____

_____

_____

_____

_____

_____

_____

Führen Sie dieses Gespräch auf Deutsch

Wada sheekaysigan ka dhig Af Jarmal

A: Halkeed tagaysaa –halked u socotaa?

B : Anigu waxan u tagayaa walashay, sobobtoo ah anigu maanta jaanis ayaan hayaa

Halked tagaysa

A: Anigu waxan tagayaa dhakhtarka , sobobtoo ah Anigu waan hargab sanahay .

_____

_____

_____

_____

_____

_____

_____

_____

_____

_____

Führen Sie dieses Gespräch auf Deutsch

Wada sheekaysigan ka dhig Af Jarmal

A : Shalay miyaad iso wacday, sobobtoo ah guriga maanan joogin .

B : Maya , kuma soo wicin .

lakin maanta halkeed joogta, sobobtoo ah waxan rabaa inan ku imaado .

A : dhakhtarkan jooga , sobobtoo ah waan hargab sanahay .

B : caafimaad qab ayaan ku rajaynayaa.

_____

_____

_____

_____

_____

_____

_____

_____

_____

_____

_____

Führen Sie dieses Gespräch auf Deutsch

Wadasheekaysigan ka dhig Af_jarmal

A : Halkeed joogtay Shalaytoole ?

B : Magaalada Hamburg ayaan u safray, sobobtoo ah walashay iyo caruurteeda ayaan booqday.

Halkeed joogta Adigu ?

A : Anigu waxan jooga suuqa , sobobtoo ah waxan leeyahay balan dhakhtar

_____

_____

_____

_____

_____

_____

_____

_____

_____

_____

_____

5

Führen Sie dieses Gespräch auf Deutsch

Wada sheekaysigan ka dhig Af Jarmal

A : Halkeed tagaysaa ?

B : Anigu waxan tagayaa suuqa , sobobtoo ah Anigu waxan leeyahay Balan.

Adiguna halkeed tagaysaa ?

A: Anigu waxan booqanayaa saaxiibaday Ceebla , sobobtoo ah iyadu waa xaamilo .

_____

_____

_____

_____

_____

_____

_____

_____

_____

_____

_____

Führen Sie dieses Gespräch auf Deutsch

<u>Wada sheekaysigan ka dhig Af Jarmal</u>

A: halkeed adigu joogtay shalay ?

B: Anigu waxan la joogay shalay walashay , lakin adigu halkeed tagtay shalay?

A : Anigu waxan u safray shalay magaalada Kiel , sobobtoo ah anigu waalidkay ayaan booqday .

Jaanis ma haysaa baritoole ?

B : Anigu baritoole jaanis ma hayo, sobobtoo ah anigu waxan leeyahay balan .

_____

_____

_____

_____

_____

_____

_____

_____

_____

_____

_____

Führen Sie dieses Gespräch auf Deutsch

Wada sheekaysigan ka dhig Af Jarmal

A : maxad iso wici wayday shalay ?

B : Anigu waxan doonayay inan kuso Waco adiga , laakiin aniga waxa ila joogay waalidkay .

Sidaa darted jaanis ayaan wayay .

A : Mudo intee leeg ayay kula joogayaan waalidka adiga .

B : ilaa isbuuca soo socda . Jaanis ma haysa isbuuca dambe ?

A: Maya , sobobtoo ah Anigu waxan u safrayaa isbuuca soo socda magalada Hamburg .Lakin ka hor intaanan safrin ,Aniga kuso wici doona .

_____

_____

_____

_____

_____

_____

_____

_____

_____

_____

_____

Führen Sie dieses Gespräch auf Deutsch

<u>Wada sheekaysigan ka dhig Af Jarmal</u>

A : Subax wanaagsan , ma ku caawin karaa ?

B : Subax wanaagsan . magacaygu waa Jamiila , anigu shalaytoole ayaan balan idinla laha idinka lakin waan iloobay

Sidaa darted waxan jeclaan laha inan balan samaysto ?

A : magacaa ?

B : Jamiila ?

A : ma ila wadaagi kartaa , meesha aad degan tahay ?

Iyo wakhtiga aad dhalatay ?

B : Anigu waxan deganahay magalada Hamburg , anigu waxan dhashay 12 –Januar 1990.

_____

_____

_____

_____

_____

_____

_____

_____

_____

_____

_____

Führen Sie dieses Gespräch auf Deutsch

<u>Wada sheekaysigan ka dhig Af Jarmal</u>

A : Halkeed tagaysaa maanta ?

B : Anigu maanta waxan u tagayaa saaxiibaday jamiila , sobobtoo ah waxay doonaysaa inay baritoole booqato walasheed . sidaa darteed waxan rabaa inan caruurta usi hayo.

A : halkee bay ku nooshahay iyadu . miyaa la qabaa mise wali lama guursan ?

B : Maya , qof ayay kala tageen , waxayna ku nooshahay magalada Hannover .

A : Wakhtimaad u tagaysaa iyada ?

B : Anigu hada ayaan u tagayaa iyada , sobobtoo ah waxan rabaa inaan manta galabtaba iyada la joogo .

_____

_____

_____

_____

_____

_____

_____

_____

_____

_____

_____

10

Führen Sie dieses Gespräch auf Deutsch

Wada sheekaysigan ka dhig Af Jarmal

A : Maxad shalay iigu iman wayday ?

B : Anigu maanan joogin shalay guriga , sobobtoo ah anigu waxan tagay shaqada .

Lakin maxad iso wici wayday ? maku soo wici karaa manta?

A : Anigu waan kuso wacay shalay .

Lakin Anigu maanta jaanis ma hayo , aniga ayaa kula so wadaagi doona hadan bari jaanis helo .

B : ok Anigu waan ku sugayaa adiga ,inkasta oo an anigu baritoole shaqada tagayo .

_____

_____

_____

_____

_____

_____

_____

_____

_____

_____

_____

11

Führen Sie dieses Gespräch auf Deutsch

<u>Wada sheekaysigan ka dhig Af Jarmal</u>

A : ii waran xld ?

B :anigu waan xanuunsanahay , sobobtoo ah Aniga ilaa shalay qandho ayaa I haysa ?

A : caafimaad qab ayaan ku rajaynayaa , lakin maxad u tagi wayday dhakhtarka ?

B : anigu waan wacay dhakhtarka , waxana lay siiyay balan .

A: wakhtimaad balan leedahay ?

B : balantaydu waa saadambe sacadu markay tahay 14 galabnimo.

A : Ma sugi kartaa ?

B : anigu waan ku qasbanahay inan sugo ?

_____

_____

_____

_____

_____

_____

_____

_____

_____

_____

_____

12

Führen Sie dieses Gespräch auf Deutsch

<u>Wada sheekaysigan ka dhig Af Jarmal</u>

A : Subax wanaagsan ,   halkan waxa kala hadlaya Jamac .

Anigu waxan jooga hada Bahnhof ka , fadlan ma I soo dooni kartaa ?

B : maya , sobobtoo ah anigu maanta jaanis ma haysto .

Lakin fadlan cibaado ma wici kartaa ,sobobtoo ah iyadu maanta waa fasax .

A : ok , mahad sanid . Aniga ayaa hada Cibaado wacaya .

Hallo Cibaado , waa hebel , jaanis ma haysaa hada ?

B : Haa , lakin waayo ?

A: Anigu waxan jooga Bahnhof ka , fadlan ma I iman kartaa ?

B: Haa , aniga aya hada ku imanaya ?

Führen Sie dieses Gespräch auf Deutsch

<u>Wada sheekaysigan ka dhig Af Jarmal</u>

A : Hallo , halkeed joogta , ilaa hada waan ku sugayaa ?

B : Aniga ayaa 10 daqiiqo kadib ku imanaya , sobobtoo ah anigu waxan guriga kuso ilaabay furayaashi .

Lakin waan ku imanaya .

A : iso wac fadlan , hadii aanad ii iman Karin .

B : Aniga ku imaanaya , fadlan isug .

_____

_____

_____

_____

_____

_____

_____

_____

_____

_____

_____

14

Führen Sie dieses Gespräch auf Deutsch

Wada sheekaysigan ka dhig Af Jarmal

A : Miyaad iso wacday shalay , sobobtoo ah anigu guriga maanan joogin .

B : Maya , kuma soo wicin .

lakin halkeed joogta hada . waxan rabaa inan ku imaado .

A : Anigu waxan la jooga dhakhtarka , sobobtoo ah ilaa shalay ayaan hargabsanahay

B : Caafimaad qab ayan ku rajaynaya .

A : Mahad sanid .

_____

_____

_____

_____

_____

_____

_____

_____

_____

_____

Führen Sie dieses Gespräch auf Deutsch

<u>Wada sheekaysigan ka dhig Af Jarmal</u>

A : Isbuuca soo socda jaanis ma haysaa?

B : Maya , sobobtoo ah isniin ilaa Sabti , 8 ilaa 19 :00 waan shaqaynayaa . Lakin Axada ayaan jaanis hayaa .Jaanis ma haysa maalinta Axada ?

A: Maya , sobobtoo ah Saaxiibkay Xamse ayan   magalada Lübeck isku raacayna .Sidaa darted jaanis ma hayo .

B : Haye ,iso wac , markii   aad jaanis hesho.

_____

_____

_____

_____

_____

_____

_____

_____

_____

_____

_____

16

Führen Sie dieses Gespräch auf Deutsch

<u>Wada sheekaysigan ka dhig Af Jarmal</u>

A : Subax wanaagsan , ma ku caawin karaa?

B : Subax wanaagsan ,Magacaygu waa Mohamed Xusen
Anigu waxan jeclaan lahaa inan idinla wadaago inan maanta
shaqada iman Karin , sobobtoo ah ilaa shalay hargab iyo
qandho ayaa i haysa .

Sidaa darted waxan ku qasbanahay inan dhakhtarka Tago .

Isbuuca dambe ayaan shaqada iman doona , hadii aan
caafimaado .

B : caafimad qab ayan ku rajaynaynaa .

A:_____

_____

_____

_____

_____

_____

_____

_____

_____

_____

___

—

17

Führen Sie dieses Gespräch auf Deutsch

Wada sheekaysigan ka dhig Af Jarmal

A: subax wanaagsan

Shalaytoole ayaan ku imid , lakin guriga maadan joogin

halkeed joogtay shalay ?

B : Shalaytoole Nimco ayaan booqday , sobobto ah way xanuunsanaysay . Guriga miyaad joogta ?

A: Maya ,suuqan jooga , sobobtoo ah balan dhakhtar ayaan leeyahay . Lakin hadhaw ayaan kuso wacaya , hadii aan jaanis helo .

B: Maalintu haku wacnaato

A: Sidoo kale

A:Guten Morgen

B:_____

___

___

A:_____

___

___

___

___

___

Führen Sie dieses Gespräch auf Deutsch

<u>Wada sheekaysigan ka dhig Af Jarmal</u>

A: Halkeed shalay ku maqnayd . Anigu waan kuso wacay ?

B : Anigu waxan booqday shalaytoole walashay iyo caruurteeda , sobobtoo ah fasax ayaan ahaa .

Jaanis ma haysaa maanta?

A : Haa , aniga ayaa ku imanaya .

Lakin   waan kuso wacayaa , ka hor inta aanan ku iman .

B : Waan ku sugayaa .

Führen Sie dieses Gespräch auf Deutsch

Wada sheekaysigan ka dhig Af Jarmal

A : Miyaad iso booqatay shalay ? Anigu shalay guriga maanan joogin .

B : Maya , sobobtoo ah anigu shalay jaanis ma hayn

Lakin anigu waxan doonaya inan maanta ku imado , Guriga ma joogtaa ?

A : Haa , wakhtimaad i imanaysa ?

B : Anigu waxan ku imanaya 4 galabnimo .

A : Anigu waan ku sugayaa adiga . waa ino maanta galabta .

B . Waa inoo hadhow

_____
_____
_____
_____
_____
_____
_____
_____
_____
_____
_____

Führen Sie dieses Gespräch auf Deutsch

<u>Wada sheekaysigan ka dhig Af Jarmal</u>

A : Shaqadii miyaad tagtay shalay   ?

B : Maya , Anigu maanan tagin shalay shaqada sobobtoo ah balan muhiima ayaan lahaa .

Halkeed tagtay shalay ?

B : Anigu waxan jogay shalay Guriga , sobobtoo ah walashay iyo walalkay ayaa iso booqday .

A: Miyay kula joogan wali walaalada ?

B : Haa , ilaa jimcaha dambe ayay ila joogayan .

_____

_____

_____

_____

_____

_____

_____

_____

_____

_____

_____

Führen Sie dieses Gespräch auf Deutsch

<u>Wada sheekaysigan ka dhig Af Jarmal</u>

A:Miyaad tagtay shalay suuqa, mise waxad tagtay shaqada ?

B : Maya , Bahnhof ka ayaan tagay   , sobobtoo ah walashay ayaan ka doonay .

Maxad qabanaysaa manta ?

A : Aniga iyo wiilkaygu waxan tagaynaa dhakhtarka sobobtoo ah wiilkayga ayaa balan dhakhtar leh .

Baritoolan kuso wacayaa .

B : Waa inoo baritoole .

_____

_____

_____

_____

_____

_____

_____

_____

_____

_____

_____

Führen Sie dieses Gespräch auf Deutsch

<u>Wada sheekaysigan ka dhig Af Jarmal</u>

A : Ma iiman kartaa baritoole ?

B : Maya , sobobtoo ah waxan doonaya inan baritoole magalada Hamburg u safro .

Lakin saadambe ayaan jaanis hayaa .

Ma aniga ku imaada mise adiga I iman ?

A : Aniga ku imanaya .

B : Waan ku sugayaa .

_____

_____

_____

_____

_____

_____

_____

_____

_____

_____

_____

_____

Ku socota Marwo Julia ,

waxan kugu soo qoraya warqadan ,sobobtoo ah wiilkayga Jaamac Ahmed ma imankaro maanta iskuulka .

Ilaa shalay ayuu xanuunsanaya , sidaa darted waxan geynayaa dhakhtarka . waan ka raali galinaya maqnashihiisa maanta .

Baritoole ayuu iman doona , hadii uu caafimaado .

Nabad galiyo

Magacaga

Sehr geehrte Frau Julia ,

_____

_____

_____

_____

_____

_____

_____

_____

_____

_____

Mit freundlichen Grüßen

_____ (Vorname Familienname)

Ku socota Nimco ,

waxan rajaynayaa inaad fiican tahay . Anigu aad baan u fiicanahay . shalaytoole waan kuso wacay , lakin nasiib daro suurto gal way noqon wayday inan wada hadalno ,sidaa darted ayaan kugu so qorayaa E-mail kan . waxan doonayay inan kula wadaago , in maalinta jimcaha tahay dhalashada wiilkayga Aw-bustaale , sidaa darted waxan jeclaan lahaa inan kugu martiqaado dhalashadiisa .

jaanis ma haysaa ?

Iso sheeg , hadii aad iman karto iyo in kale .

Waxan ka sugayaa Jawaab

Nabad galiyo

Magacaga

Liebe Nimco ,

_____

_____

_____

_____

_____

_____

_____

_____

_____

_____

Viele Grüße

_____ (Vorname)

48

Lösungen

Aber , denn , sondern , welche Konjuktion ist die richtige ?

1 : c (denn)   7: b   (denn)

2 : b (aber)   8 : c   (denn)

3 : a (sondern)   9 : b   (aber)

4 : b (denn)   10 : a   (sondern)

5 : c (denn)   11 : c   (aber)

6 : a (sondern)   12 : b   (sondern)

Welche Konjuktion passt ?   (xidhiidhiyahee ayaa ku haboon meesha banaan)

aber   sondern

1 : sondern   8 : aber

2 : aber   9 : sondern

3 : aber   10 : sondern

4 : sondern   11 : aber

5 : sondern   12 : aber

6 : sondern   13 : aber

7 : sondern   14 : sondern

Verbinde die beiden Sätze mit   weil

Isku xidh jumladahan adigoo xidhiidhiyaha weil adeegsanaya .

1: Ich gehe nach Hause , weil ich müde bin .

2: Mein Sohn kommt heute nicht zur Schule ,weil er   seit gestern Fieber hat .

3 : Ich kann heute nicht zur Arbeit kommen ,weil ich einen wichtigen Termin habe .

4 : Ich war gestern nicht zu Hause , weil Ich vor 2 Wochen meine Eltern besucht habe .

5 : Ich komme heute 20 Minuten später ,weil ich den Bus Verpasst habe .

6 : Suad hat mich eingeladen ,weil sie heute Geburtstag hat .

7 : Meine Freundin will nächstes Jahr nach Hamburg umziehen ,weil ihr Mann in Hamburg wohnt .

8 : Colaad ist nach London umgezogen ,weil er dort eine neue Arbeit gefunden hat .

9 : Ich komme heute nicht zu Ihnen ,weil Ich einen anderen Termin habe .

10 : Ich suche eine neue Arbeit ,weil Ich meine Arbeit gekündigt habe .

11 : Wo warst du gestern , weil du gestern nicht zu Hause warst.

12 : Wieso willst du nach Hamburg fahren ?

Weil ich meine Freundin Dabeeco besuche .

13 : Wieso kommst du nicht zu mir ?

Weil ich heute keine Zeit habe .

14 : Ubax kommt heute nicht zu mir ,weil ihre Tochter einen wichtigen Termin hat .

15 : Ich habe keine Kinder ,weil Ich noch ledig bin.

16 : Die Kinder spielen im Park, weil die Sonne scheint.

17 : Ich bin müde, weil Ich viel gearbeitet habe.

18 : Wir essen ein Eis, weil es heiß ist .

19 : Ich bleibe heute zu Hause ,weil ich heute frei habe .

20 : Ich habe ein Geschenk von meiner Freundin bekommen ,weil Ich gestern Geburtstag hatte.

21 : Ich möchte mich beim Jobcenter melden ,weil ich arbeitslos bin.

22 : Ich suche jetzt eine 2 Zimmerwohnung ,weil ich eine kleine Wohnung bewohne .

23 : Wann kann ich die Wohnung beziehen ?

Weil mein alter Wohnungsmietvertrag in diesem Monat abläuft.

24 : Ich bin seit 3 Tagen in Hamburg ,weil meine Eltern hier wohnen .

25 : Du musst Deutsch lernen ,weil du in Deutschland wohnst .

26 : Ich komme mit dem Zug ,weil ich noch kein Auto habe .

27 : ich habe mich über deine Einladung gefreut ,weil wir uns lange nicht gesehen haben.

28 : Ich möchte mich bei dir dafür bedanken ,weil du mir beim Umzug geholfen hast .

29 : Zurzeit habe ich wenig Freizeit , weil ich viel lernen muss.

30 : Ich schreibe Ihnen diesen Brief ,weil Ich sie telefonisch nicht erreichen konnte .

31 : Ich habe Ihre Adresse vom Jobcenter bekommen ,weil ich eine Ausbildung suche.

32 : Ich komme später zur Arbeit ,weil ich mein Fahrrad reparieren muss.

Verbinde die beiden Sätze mit dem Konjuktionaladverb in der Klammer (deshalb –deswegen – daher)

Isku xidh jumladahan adigoo adeegsanaya xidhiidhiyaasha deshalb –deswegen

1 : Seine Frau wohnt in Hamburg , deshalb will cali morgen nach Hamburg umziehen .

2 : Jamiila hatte gestern einen Termin , deswegen konnte sie gestern ihre Kinder von der Schule nicht abholen .

3 : Ich habe 4 Kinder , daher suche ich eine 4 Zimmerwohnung .

4 : Ich habe meinen Schlüssel zu Hause vergessen , deshalb rufe ich einen Schlüsseldienst an .

5 : Mein Sohn hat morgen Geburtstag , deshalb gehe ich morgen nicht zur Arbeit .

6 : Ich habe morgen Geburtstag , deshalb möchte ich meine Freundin einladen

7 : Mein Termin ist morgen um 14 Uhr , deswegen kann ich leider nicht dich abholen .

8 : Ich muss heute Deutsch lernen , daher muss ich zu Hause bleiben .

9 : Mein Sohn hat einen Termin,daher kann er leider nicht zur Schule kommen.

10 : Er hat Hunger , deswegen möchte er eine Pizza bestellen .

11 : Ich habe keine Wohnung , deswegen suche ich eine neue Wohnung .

12: Meine Frau und mein Sohn wohnen in Lübeck , daher muss ich nach Lübeck umziehen .

13: Faysal hat morgen Geburtstag , deshalb will er seine Freunde einladen .

14 : Ich habe heute einen Termin , deswegen muss ich jetzt gehen .

15 : Meine Freundin Nimco hat mich am Wochenende zu ihrer Hochzeit eingeladen , deshalb habe ich am Wochenende keine Zeit

16 : Ich konnte Sie telefonisch nicht erreichen, deshalb wende ich mich per E-Mail an Sie .

17 : In ihrer Firma konnte ich telefonisch niemanden erreichen , deshalb wende ich mich Per E-Mail an Sie .

Welches ist richtig   weil ….. deshalb

Kee baa ku habaan meesha banaan **weil** ama **deshalb**

1 : weil	9 : weil
2 : deshalb	10 : weil
3 : weil	11 : deshalb
4 : deshalb	12 : deshalb
5 :weil	13: weil
6 :weil	14 : deshalb
7 : deshalb	15 : deshalb
8 : weil	

Verbinde die beiden Sätze mit bevor

Isku xidh jumladahan adigo xidhiidhiyaha bevor adeegsanaya

1 : Ich sage dir Bescheid ,bevor Ich morgen zu dir komme.

2 : Ruf mich an ,bevor du zu mir kommst .

3 : Du musst Deutsch lernen ,bevor du eine neue Arbeit findest .

4 : Ich muss viel Geld sparen , bevor ich Jamiila heirate.

5: Ich melde mich bei dir ,bevor ich nach Hannover umziehe .

6 : Ich muss eine neue Arbeit in Berlin finden,bevor ich nach Berlin umziehe .

7:Ich bringe meine Kinder zur Schule , bevor ich zur Arbeit gehe.

8 : Jamiila   fährt mich zum Bahnhof ,bevor sie einkaufen geht.

9 : Er hat mich nicht angerufen ,bevor er zu mir gekommen ist .

10 : Ich vereinbare einen Termin ,bevor ich zum Arzt gehe.

11 : Ich war bei Cibaado ,bevor ich zu dir gekommen bin.

13 : Kannst du bitte die Kinder zur Schule bringen ,bevor du zur Arbeit gehst .

14 : Kannst du die Kinder von der Schule abholen ,bevor du nach Hause kommst .

15 : ich hole meine Kinder vom Kindergarten ,bevor ich zu Aldi gehe .

16: Ich suche eine neue Arbeit ,bevor ich meine Arbeit kündige .

17 : Ich hole meine Kinder von der Schule ab, bevor Ich zu dir komme.

18 :Cali will seine Schwester besuchen , bevor er nächstes Jahr nach London umzieht .

19 : Kannst du bitte meine Schwester vom Bahnhof abholen ,bevor du zu mir kommst .

20 : Meine Freundin will zu mir kommen , bevor sie zu Aldi geht .

21 : Ich telefoniere mit meinen Eltern, bevor meine Kinder nach Hause kommen.

22 : Ich bringe meine Kinder zu meiner Schwester, bevor Ich meine Freundin besuche.

23 :Ich habe gestern mit meiner Freundin Cibaado telefoniert ,bevor Ich gestern zu dir gekommen bin.

24 : Ich muss die B1 Prüfung bestehen ,bevor ich eine Ausbildung suche .

25 : Ich habe als Koch gearbeitet ,bevor Ich das Restaurant eröffnet habe.

26 : Ich habe eine Ausbildung gemacht ,bevor ich Koch war .

27 : ich wasche mir die Hände ,bevor Ich mich an den Tisch setze.

28 : Ich wasche mir die Hände ,bevor Ich   etwas esse .

29 : Wasch dir die Hände ,bevor du dich an den Tisch setzt.

30 :Du musst deine Hausaufgaben machen ,bevor du mit deinen Freunden spielen darfst.

Verbinde die beiden Sätze mit   wenn

Isku xidh jumladahan adigoo xidhiidhayaha wenn isticmaalaya .

1: Ich komme zu dir , **wenn** Ich Zeit habe.

oder

Wenn ich Zeit habe , komme ich zu dir .

2 : Ich gehe mit meinen Kindern spazieren , **wenn** Ich   frei habe.

Oder

Wenn Ich   frei habe, gehe ich mit meinen Kindern spazieren ,

3 : Ich bleibe zu Hause ,**wenn** ich krank bin.

oder

Wenn ich krank bin , bleibe ich zu Hause .

4 : Mein Sohn kommt morgen zur Schule ,**wenn** er wiedergesund ist.

Oder

Wenn Mein Sohn wieder gesund ist , kommt er morgen zur Schule .

5 : Meine Tochter kommt nächste Woche zur Schule,**wenn** Sie wieder gesund ist .

oder

Wenn meine Tochter wieder gesund ist ,kommt sie nächste Woche zur Schule.

6 : Ich komme am Freitag zur Arbeit ,**wenn** ich wieder gesund bin.

Oder

Wenn ich wieder gesund bin ,komme ich am Freitag zur Arbeit.

7 : Ich telefoniere mit meiner Familie ,**wenn** ich bin allein zu Hause .

Oder

Wenn ich allein zu Hause bin , telefoniere ich mit meiner Familie .

8 : Ich nehme einen Regenschirm mit ,**wenn** es regnet .

Oder

Wenn es regnet ,nehme ich einen Regenschirm mit .

9 : Ich singe ein Lied , **wenn** ich gute Laune habe .

Oder

Wenn ich gute Laune habe , singe ich ein Lied .

10 : Ich frage meinen Lehrer ,**wenn** ich eine Frage habe.

oder

Wenn ich eine Frage habe ,frage ich meinen Lehrer .

11 : Ich mache eine neue Kasse auf , **wenn** die Schlange zu lang ist.

Oder

Wenn die Schlange zu lang ist , mache ich eine neue Kasse auf.

12 : Meldest du dich morgen bei mir ,**wenn** du morgen Zeit hast.

Oder

Wenn du morgen Zeit hast , meldest du dich morgen bei mir .

13 : Mein Mann kommt ,**wenn** er mit der Arbeit fertig ist .

Oder

Wenn mein Mann mit der Arbeit fertig ist ,kommt er.

14 : Ich komme zu dir ,**wenn** ich bin mit der Arbeit fertig .

Oder

Wenn ich mit der Arbeit fertig bin ,komme ich zu dir .

15 : Ich werde mich freuen ,**wenn** ich die Zusage für die Ausbildung bekomme.

Oder

Wenn ich die Zusage für die Ausbildung bekomme ,werde ich mich freuen .

16 :Ich gehe am Wochenende spazieren ,**wenn** das Wetter schön ist.

Oder

Wenn das Wetter schön ist , gehe ich am Wochenende spazieren .

17 : Ich helfe dir ,**wenn** du für mich das Geschirr abwäschst.

Oder

Wenn du für mich das Geschirr abwäschst, helfe ich dir .

18 : Mein Sohn bekommt 2 Wochen Hausarrest ,**wenn** er mich anlügt.

Oder

Wenn mein Sohn mich anlügt ,bekommt er 2 Wochen Hausarrest.

19 : Ich bekomme Ärger ,wenn ich zu spät komme.

Oder

Wenn ich zu spät komme , bekomme ich Ärger .

20 : Trinkst du Kaffee ,wenn du müde bist.

Oder

Wenn du müde bist , trinkst du Kaffee .

21 : Ich trinke Kaffee ,wenn ich müde bin.

Oder

Wenn ich müde bin , trinke ich Kaffee .

22 : Ich heirate Jamiila ,wenn sie mich liebt.

Oder

Wenn Jamiila mich liebt , heirate ich sie .

23 : Ich kann dir 100 Euro leihen ,wenn ich viel Geld habe .

Oder

Wenn ich viel Geld habe , kann ich dir 100 Euro leihen .

24 : Ich bin glücklich ,wenn ich mit meiner Mutter telefoniere.

Oder

wenn ich mit meiner Mutter telefoniere,bin ich glücklich .

25 : Ich gehe zur Arbeit , wenn Meine Frau und meine Kinder nach Hause kommen.

oder

Wenn meine Frau und meine Kinder nach Hause kommen , gehe ich zur Arbeit

26 : Ich bestelle eine Pizza ,**wenn** ich Hunger habe.

oder

Wenn ich Hunger habe , bestelle ich eine Pizza.

27 : Kannst du meine Kinder von der Schule abholen, **wenn** du Zeit hast.

Oder

Wenn du Zeit hast ,kannst du meine Kinder von der Schule abholen.

28 : Ich fühle mich gut ,**wenn** meine Frau und mein Sohn Khalid bei mir sind.

oder

Wenn meine Frau und mein Sohn Khalid bei mir sind , fühle ich mich gut .

29 : Du rufst mich an ,wenn du von mir Hilfe brauchst.

Oder

Wenn du von mir Hilfe brauchst ,rufst du mich an .

30 : Ich komme zu dir ,wenn du allein zu Hause bist.

Oder

Wenn du allein zu Hause bist , komme ich zu dir .

31 : Ich gehe zum Zahnarzt, wenn ich Zahnschmerzen habe .

Oder

Wenn ich Zahnschmerzen habe ,gehe ich zum Zahnarzt .

Verbinde die beiden Sätze mit sonst

Isku xidh jumladahan adigoo sonst isticmaalaya

1 : Sagst du mir vorher Bescheid ,**sonst** komme ich vorbei.

2 : Sei doch bitte ruhig, **sonst** kann ich mich nicht konzentrieren .

3 : Ich muss sofort gehen ,**sonst** verpasse ich den Bus .

4: Ruf mich an ,**sonst** komme ich morgen nicht zu dir .

5 : Ich muss jetzt gehen ,**sonst** verpasse ich den Bus .

Welches ist richtig weil , bevor ,wenn , deshalb

Kee baa ku habaan meesha banaan weil , bevor , wenn , deshalb

1: ch komme morgen zu dir , **bevor** ich zu meiner Freundin gehe.

2: Jamiila hat gestern meine Kinder vom Kindegarten abgeholt , **weil** ich gestern einen Termin hatte.

3: Kommst du zu mir ,**bevor** cali zu mir kommt ?

4: Du hast mich gestern angerufen, **deshalb** möchte ich dich heute besuchen

.

5 : Ich hole meine Kinder ab , **bevor** meine Frau nach Hause kommt .

6 : Ich habe 4 Kinder , **deshalb** suche ich eine neue Wohnung .

1

Führen Sie dieses Gespräch auf Deutsch

Wada sheekaysigan ka dhig Af Jarmal

A: Hast du heute Zeit ?

B : Nein , ich habe heute keine Zeit , weil ich bei meiner Schwester bin . Aber ich habe morgen Zeit.

Hast du morgen Zeit ?

A: Ja , ich habe morgen Zeit . Bis morgen .

2

Führen Sie dieses Gespräch auf Deutsch

Wada sheekaysigan ka dhig Af Jarmal

A : Wohin gehst du ?

B : Ich gehe zu meiner Schwester , weil ich heute Zeit habe .

Wo gehst du hin ?

A: Ich gehe zum Arzt , weil ich erkältet bin .

Oder

Ich gehe zum Arzt , weil ich eine Erkältung habe .

3

Führen Sie dieses Gespräch auf Deutsch

<u>Wada sheekaysigan ka dhig Af Jarmal</u>

A: Hast du mich gestern angerufen , weil ich gestern nicht zu Hause war .

B : Nein , ich habe dich gestern nicht angerufen.

Aber wo bist du heute , weil ich zu dir kommen will .

A : Ich bin beim Arzt , weil ich erkältet bin .

B: Ich wünsche dir gute Besserung .

4

Führen Sie dieses Gespräch auf Deutsch

<u>Wadasheekaysigan ka dhig Af jarmal</u>

A: Wo warst du gestern ?

B : Ich bin nach Hamburg gefahren , weil ich meine Schwester und ihre Kinder besucht habe .

A: Wo bist du ?

B : Ich bin in der Stadt , weil ich einen Arzttermin habe .

5

Führen Sie dieses Gespräch auf Deutsch

<u>Wada sheekaysigan ka dhig Af Jarmal</u>

A: Wohin gehst du ?

B : Ich gehe   in die Stadt , weil ich einen Termin habe .

Und wohin gehst du ?

A: Ich besuche meine Schwester Ceebla , weil sie schwanger ist .

Führen Sie dieses Gespräch auf Deutsch

Wada sheekaysigan ka dhig Af Jarmal

A : Wo warst du gestern ?

Oder wo bist du gestern gewesen ?

B : Ich war bei meiner Schwester . Aber wohin bist du gestern gegangen ?

A: Ich bin gestern nach Kiel gefahren , weil ich meine Eltern besucht habe .

Hast du morgen Zeit ?

B : Ich habe morgen keine Zeit , weil ich einen Termin habe .

7

Führen Sie dieses Gespräch auf Deutsch

Wada sheekaysigan ka dhig Af Jarmal

A: Wieso hast du mich gestern nicht angerufen ?

B : Ich wollte dich gestern anrufen , aber meine Eltern waren bei mir , deswegen hatte ich keine Zeit .

A: Wie lange bleiben deine Eltern bei dir ?

B : Bis nächste Woche . Hast du nächste Woche Zeit ?

A: Nein , weil ich nach Hamburg fahre . Aber bevor ich fahre , rufe ich dich an

.

Führen Sie dieses Gespräch auf Deutsch

Wada sheekaysigan ka dhig Af Jarmal

A: Guten Morgen . Kann ich Ihnen helfen ?

B :Mein Name ist Hinda . Ich hatte gestern einen Termin bei Ihnen , aber leider habe ich ihn vergessen ,aus diesem Grund möchte ich gern einen neuen Termin vereinbaren .

A: Wie ist Ihr Name ?

B : Hinda

A: Können Sie mir sagen , wo Sie gerade wohnen und wann Sie geboren sind ?

A:Ich wohne jetzt in Hamburg und bin am 12-Januar . 1990 geboren .

9

Führen Sie dieses Gespräch auf Deutsch

Wada sheekaysigan ka dhig Af Jarmal

A: Wohin fährst du heute ?

B : Ich fahre heute zu meiner Freundin Jamiila , weil sie morgen ihre Schwester besuchen will , deshalb möchte ich auf ihre Kinder aufpassen .

A: Wo wohnt sie ? Ist sie verheiratet oder ledig?

B : Sie ist geschieden . Und sie wohnt in Hannover .

A: Wann fährst du zu ihr ?

B : Ich fahre jetzt zu ihr , weil ich heute nachmittag bei ihr sein möchte .

Führen Sie dieses Gespräch auf Deutsch

Wada sheekaysigan ka dhig Af Jarmal

A: Wieso bist du gestern nicht zu mir gekommen ?

B:Ich war gestern nicht zu Hause , weil ich zur Arbeit gefahren bin . Aber warum hast du mich nicht angerufen ? Kann ich dich heute anrufen ?

A : Ich habe dich gestern angerufen . Aber ich habe heute keine Zeit . Ich sage dir morgen Bescheid , wenn ich Zeit habe .

B : Ich warte auf dich , obwohl ich morgen zur Arbeit gehe .

11

Führen Sie dieses Gespräch auf Deutsch

Wada sheekaysigan ka dhig Af Jarmal

A : Wie geht es dir ?

B :Mir geht es schlecht , weil ich seit gestern Fieber habe .

A : Ich wünsche dir gute Besserung . Aber warum bist du nicht zum Arzt gegangen ?

B : Ich habe den Arzt angerufen und habe einen Termin bekommen .

A: Wann hast du einen Termin ?

B : Ich habe übermorgen um 14 Uhr einen Termin .

A : Kannst du warten ?

B : Ich muss darauf warten .

Führen Sie dieses Gespräch auf Deutsch

Wada sheekaysigan ka dhig Af Jarmal

A : Guten Morgen . Hier ist Jamac .Ich bin jetzt am Bahnhof angekommen. Kannst du mich abholen ?

B : Nein . ich kann dich leider nicht abholen , weil ich keine Zeit habe . Kannst du bitte Cibaado anrufen ? Sie hat heute frei .

A: Ok , Danke . Ich rufe sie an .

Hallo Cibaado , hier ist Jamac . Hast du Zeit ?

B: Ja , aber wieso ?

A: Ich bin jetzt am Bahnhof . Kannst du zu mir kommen ?

B : Ja , ich komme zu dir .

13

Führen Sie dieses Gespräch auf Deutsch

Wada sheekaysigan ka dhig Af Jarmal

A : Hallo , wo bist du ? Ich warte immer noch auf dich .

B : Ich komme in 10 Minuten zu dir ,weil ich meinen Schlüssel zu Hause vergessen habe . Aber ich komme zu dir .

A: Ruf mich doch bitte an , wenn du nicht zu mir kommen kannst .

B : Ich komme zu dir . Bitte warte auf mich .

Führen Sie dieses Gespräch auf Deutsch

Wada sheekaysigan ka dhig Af Jarmal

A: Hast du mich gestern angerufen , weil ich nicht zu Hause war .

B : Nein , ich habe dich nicht angerufen .

Aber wo bist du ? Ich will zu dir kommen .

A : Ich bin gerade beim Arzt , weil ich seit gestern erkältet bin .

B : Ich wünsche dir gute Besserung .

A : Ich bedanke mich bei dir .

Führen Sie dieses Gespräch auf Deutsch

Wada sheekaysigan ka dhig Af Jarmal

A: Hast du nächste Woche Zeit ?

B : Nein , weil ich von Montag bis Freitag von 8 :00 bis 19 Uhr arbeiten muss .

Aber ich habe am Sonntag Zeit . Hast du am Sonntag Zeit ?

B : Nein , weil ich mit meinem Freund Hamza nach Lübeck fahren will . Deswegen habe ich leider keine Zeit .

A:Ok .Ruf mich an , wenn du Zeit hast .

Führen Sie dieses Gespräch auf Deutsch

Wada sheekaysigan ka dhig Af Jarmal

A: Guten Morgen , wie kann ich Ihnen helfen ?

B : Guten Morgen , Mein Name ist Mohamed Hussein . Ich möchte Ihnen mitteilen, dass ich heute nicht zur Arbeit kommen kann , weil ich seit gestern eine Erkältung und Fieber habe .Deswegen muss ich zum Arzt gehen .Ich komme nächste Woche zur Arbeit , wenn ich wieder gesund bin .

A : Gute Besserung

Führen Sie dieses Gespräch auf Deutsch

Wada sheekaysigan ka dhig Af Jarmal

A: Guten Morgen . Ich bin gestern zu dir gekommen , aber du warst leider nicht zu Hause . Wo warst du gestern ?

B: Ich habe gestern Nimco besucht , weil sie krank war .

Bist du jetzt zu Hause ?

A : Nein , ich bin in der Stadt , weil ich einen Arzttermin habe .

Ich rufe dich später an , wenn ich Zeit habe .

B : Ich wünsche dir einen schönen Tag .

A: Gleichfalls

Führen Sie dieses Gespräch auf Deutsch

Wada sheekaysigan ka dhig Af Jarmal

A: Wo warst du gestern ? Ich habe dich gestern angerufen.

B : Ich habe gestern meine Schwester und ihre Familie besucht , weil ich frei hatte .

A: Hast du heute Nachmittag Zeit ?

B : Ja , ich komme zu dir . Aber ich rufe dich an , bevor ich zu dir komme .

A: Ich warte auf dich .

Führen Sie dieses Gespräch auf Deutsch

Wada sheekaysigan ka dhig Af Jarmal

A: Hast du mich gestern besucht ? Ich war gestern leider nicht zu Hause .

B : Nein , weil ich gestern keine Zeit hatte . Ich will heute zu dir kommen .Aber bist du zu Hause ?

A: Ja , wann kommst du zu mir .

B : Ich komme um 16 Uhr zu dir .

A: Ich warte auf dich . Bis heute Nachmittag .

B : Bis später .

Führen Sie dieses Gespräch auf Deutsch

Wada sheekaysigan ka dhig Af Jarmal

A: Bist du gestern zur Arbeit gefahren ?

B: Nein ,ich bin gestern nicht zur Arbeit gegangen , weil ich einen wichtigen Termin hatte . Wohin bist du gestern gegangen ?

A: Ich war gestern zu Hause , weil meine Schwester und mein Bruder mich besucht haben .

B : Sind deine Geschwister immer noch bei dir ?

A: Ja , aber sie bleiben bis nächsten Freitag bei mir .

Führen Sie dieses Gespräch auf Deutsch

Wada sheekaysigan ka dhig Af Jarmal

A: Bist du gestern in die Stadt oder zur Arbeit gefahren ?

B : Nein , ich bin gestern zum Bahnhof gefahren , weil ich meine Schwester abgeholt habe . Was machst du heute ?

A: Mein Sohn und ich fahren zum Arzt , weil er einen Arzttermin hat . Ich rufe dich morgen an .

B : Bis morgen .

Führen Sie dieses Gespräch auf Deutsch

Wada sheekaysigan ka dhig Af Jarmal

A: Kannst du morgen zu mir kommen ?

B : Nein , weil ich nach Hamburg fahren will . Aber ich habe übermorgen Zeit .

Soll ich zu dir kommen oder kommst du zu mir?

A: Ich komme zu dir .

B : Ich warte auf dich .

Sehr geehrte Frau Julia ,

ich schreibe Ihnen weil , mein Sohn Jamac Ahmed heute nicht zur Schule
kommen kann . Er ist seit gestern krank .Aus diesem Grund bringe ich Ihn zum
Arzt .Bitte entschuldigen Sie sein Fehlen . Er kommt morgen zur Schule , wenn
er wieder gesund ist .

Mit freundlichen Grüßen

Vorname   Familienname

Liebe Nimco ,

ich hoffe , es geht dir gut . Mir geht es gut .Ich habe dich gestern angerufen .
Aber leider konnte ich dich nicht erreichen , deshalb schreibe ich dir diese E-
Mail. Ich möchte dir mitteilen , dass mein Sohn am Freitag Geburtstag hat .
deswegen möchte ich dich zu seinem Geburtstag einladen . Hast du am Freitag
Zeit ? Sagst du mir bitte Bescheid , ob du kommen kannst ?

Ich warte auf deine Antwort

Viele Grüße

Deine Freundin Suad

sidoo kale waxa ku diyaara Buugag kala
duwan A1 ilaa B1 ah
oo Af somali iyo Deutsch ah .
waxad ka dalban kartaa meelkasta .